LA RÉPUBLIQUE

DÉMOCRATIQUE ET SOCIALE.

AUX OUVRIERS

Des villes et des campagnes,

Et à tous les hommes de bon sens.

Qui n'entend qu'une cloche
N'entend qu'un son.
Le Bon Sens (ch. des Cloches).

LYON,

A. MOTHON, IMPRIMEUR, 13, RUE SAINT-DOMINIQUE,

1849.

DIALOGUE

ENTRE JEAN BONNERAISON,

MAÎTRE D'ÉCOLE A LA CAMPAGNE,

Et son beau-frère, Yves Quinson,

Ouvrier de la ville.

YVES.

Bonjour, beau-frère; quel bon vent vous amène
à la ville?

MAÎTRE JEAN.

Encore une affaire de mon école. Une excel-
lente dame, sans enfants et n'ayant que des parents fort éloignés, vient de mourir, en laissant
par testament une belle terre à notre école pour
élever gratuitement vingt garçons de la paroisse.
Encore un legs comme celui-là, et, avec ce que
fait la commune, tous les enfants de notre pays,

riches et pauvres, pourront être élevés gratuitement, sans impôts et avec une parfaite égalité.
Mais il y a des formalités sans fin à remplir pour
entrer en possession d'un bien si légitime. Il faut,
dans ces sortes d'affaires, 1° que le conseil mu-
nicipal se rassemble et qu'il délibère sur l'accep-
tation du legs, après avoir obtenu du préfet, par
l'entremise du sous-préfet, la permission de se
rassembler pour cela et d'en délibérer. Il faut,
2°, que la délibération soit envoyée, avec l'extrait
du testament, au sous-préfet pour qu'il l'apos-
tille et l'envoie au préfet ; 3° que le préfet l'envoie au ministre de l'intérieur avec son avis ;
4° que le ministère en confère avec le conseil-
d'Etat ; 5° que le conseil-d'Etat fasse une ordon-
nance d'autorisation ; 6° que le président de la
République la signe ; 7° que le ministre la con-
tresigne ; 8° qu'il la renvoie au préfet, pour qu'il
la renvoie au sous-préfet, pour qu'il la renvoie
à son tour au maire.

Ce n'est pas tout : il faut que j'en écrive, moi,
au proviseur du collége de notre arrondissement,
pour qu'il en écrive au recteur de l'académie,
pour que le recteur de l'académie en délibère
avec le conseil de l'académie et qu'il en réfère
au ministre de l'instruction publique, pour que
le ministre de l'instruction publique en délibère
avec le conseil autrefois impérial, puis royal,
maintenant national de l'instruction publique,
afin que celui-ci, après en avoir délibéré, renvoie
sa délibération au ministre, pour que le ministre,
après l'avoir signée et l'avoir fait contresigner
au chancelier et au secrétaire du conseil, la ren-

voie au recteur, pour que le recteur, après l'avoir soumise au conseil de l'academie, la renvoie au proviseur, pour que le proviseur me la renvoie. Or, comme dans les pièces de notre affaire il manquait un extrait mortuaire signé du maire et certifié par le sous-préfet; que la défunte, d'ailleurs, pour que rien de ce legs ne fût détourné de sa destination, a mis pour clause que l'Université, ses inspecteurs et son monopole n'auraient rien à y voir; c'est la troisième fois que cette affaire fait le double tour que je viens d'indiquer, et je viens ici pour voir s'il n'y aurait pas moyen d'éviter une quatrième et peut-être une cinquième évolution.

YVES.

Que diable le Gouvernement a-t-il donc à voir là-dedans! Et, en attendant une telle autorisation, tout se gâte, et les volontés des morts sont enfoncées.

MAÎTRE JEAN.

Que voulez-vous, il faut bien occuper l'armée de nos cinq cent mille fonctionnaires civils, sans compter l'autre, et savoir ou placer les 15 ou 18 cent millions que nous avons, chaque année, l'honneur d'offrir, par la bouche de nos représentants, aux successives Majestés que, sous différents noms, nous choisissons pour nous gouverner.

YVES.

Saprelotte ! il y a de quoi se pendre. Eh ! nous n'aurons pas un petit brin de république démocratique et sociale, pour nous débarrasser de tous ces mangeurs-là ?

MAÎTRE JEAN.

Ah ! ce serait bien pire. Ce serait faire comme le goujon qui se débat dans la friture, pour tomber de la poêle au feu.

YVES.

Comment, pire ?

MAITRE JEAN.

Parce que votre république démocratique et sociale aurait encore plus besoin de centralisation, c'est-à-dire de tout mettre dans sa main, que les gouvernements qui depuis 60 ans ont passé et repassé sur la France. Pourquoi, en effet, tous ces gouvernements ont-ils tout centralisé à Paris, tout fait dépendre des bureaux et de leurs chefs de Paris ? Parce que Paris s'est fait le seigneur-roi du reste de la France ; parce que les gouvernements établis à Paris, sept à huit hommes et souvent un seul, se sont déclarés les maîtres absolus, les régulateurs souverains des communes, de leurs droits, de leurs biens et de leurs intérêts, dans toute la France ; parce qu'ils se sont proclamés sans aucun droit et sans aucun titre, contre tous les droits et contre tous les titres, les propriétaires uniques de toutes les écoles et de tous les colléges, de leurs fondations, de leurs maîtres, de leurs élèves et de tout ce qu'on y enseigne : français, latin, grec, hébreu, sciences, histoire, littérature ; parce qu'ils se sont adjugé, contre tous les droits de l'homme et du citoyen, la direction et la propriété de tous les cultes et de leurs ministres, des cathédrales, des églises, des annexes, des presbytères, des cimetières, des ornements sacerdotaux et des calices même.

Eh bien ! je dis que ce serait pire avec la république sociale, puisque non seulement elle maintiendrait le communisme de l'Etat, ou de Paris, sur toutes ces choses-là, mais qu'elle y ajouterait le communisme de toutes les propriétés, de tous les capitaux, de toutes les industries, de tous les travaux, et que pour administrer souverainement tout cela, elle embrigaderait sous des chefs de file à son choix, et pris parmi les plus rouges, tous les Français, tous les âges et tous les sexes, comme on embrigade les galériens à Toulon et à Brest. Et c'est sans doute pour commencer l'apprentissage qu'elle voulait nous coiffer tous du bonnet rouge, du bonnet des bagnes.

YVES,

Toujours est-il que ce n'est point elle qui a inventé le communisme dont on parle tant, et qu'en voulant l'étendre aux propriétés et à l'industrie , elle est bien plus raisonnable que tous les gouvernements *monarchiens*, qui l'ont créé et appliqué, eux , à la pensée, à la conscience, à la religion , à l'enseignement, toutes choses appartenant aux droits imprescriptibles de chaque homme et de chaque citoyen, comme vous en convenez vous-même, maître Jean.

MAÎTRE JEAN.

Plus raisonnable, beau-frère ! Si elle abolissait tous les autres communismes pour se contenter du sien, peut-être ; mais c'est qu'elle les veut tous, pour augmenter, et enrichir plus vite ses amis, pour faire monter à un ou deux millions les officiers fonctionnaires de l'armée civile, et réduire tous les autres Français à la gamelle et au cabanon des forçats !

YVES.

Vous plaisantez, maître Jean.

MAÎTRE JEAN.

Je ne plaisante pas du tout ; je vous dis très sérieusement, beau-frère, que votre *sociale*, même avec son seul communisme , est de la graine de niais, une échelle formée avec les épaules des travailleurs pour faciliter l'escalade des places, des châteaux et des bonnes rentes, aux avocats ou procureurs sans clients, aux fabricants courts d'argent, et à tous les ouvriers grands parleurs, grands mangeurs et qui ont toujours mal aux yeux, à la tête ou aux bras, quand il s'agit de travailler.

YVES.

Qu'est-ce que vous comptez là, maître Jean ? malgré vos études, vous seriez bien embarrassé d'en fournir la preuve.

MAÎTRE JEAN.

Embarrassé, mon pauvre Yves ! à peu près comme vous, quand vous flûtez un litre de bon vin blanc et un cent de marrons.

YVES.

Allons, beau-frère, parlons raison.

MAÎTRE JEAN.

Et *bonne raison !* c'est mon nom, jamais je ne le renie ; c'est aussi celui de votre femme, accolez-le au vôtre, comme font les gens de bonne maison, et nous serons bientôt d'accord.

YVES.

Toujours gaillard, maître Jean ; l'âge ne vous fait rien perdre.

MAITRE JEAN.

Au contraire, il doit donner de l'expérience ; et c'est avec cette expérience que je veux, outre ce que je viens de dire, toiser votre *sociale* et vous montrer ce qu'elle vaut, clair comme 2 et 2 font 4.

Sociale, beau-frère, la langue le porte et tous les dictionnaires l'enseignent, veut dire *qui tient à la société, qui est favorable à la société, qui fait le bien de la société ;* et société signifie *union d'hommes ; hommes unis ensemble par la nature, par la religion, par les mêmes sentiments, les mêmes lois, les mêmes intérêts.*

YVES.

Je ne dis pas non, là-dessus.

MAÎTRE JEAN.

Nous sommes déjà d'accord sur le principe, sur la *majeure*, comme parle la philosophie ; passons maintenant à la *mineure*, comme elle dit encore. Vous n'avez pas oublié, beau-frère, que j'ai fait ma philosophie sous un docteur de Sorbonne, le doyen de ***. Or *votre sociale*, qu'est-ce que c'est ? quelque chose comme qui dirait Robespierre ou Marat, autrement, pour les innocents : la Montagne ou le Bonnet rouge ; la communauté des biens, en attendant celle des femmes.

YVES.

Je ne veux pas non plus vous contredire là-dessus. Il est sûr qu'on le conte comme ça. Cependant beaucoup ne le prennent pas à la lettre ; pour la guillotine, du moins, ils font exception, puisqu'ils veulent abolir toutes les espèces de peines de mort.

MAÎTRE JEAN.

Voilà pourquoi, sans doute, ils crient tous d'un bout de la France à l'autre : *Vive la guillotine !* et qu'ils suspendent aux arbres de liberté des têtes en carton proprement guillotinées. Et si quelques chefs demandent l'abolition de la peine de mort, maintenant qu'ils ne sont plus les maîtres et qu'ils pourraient craindre qu'on ne la leur appliquât, les autres ou eux-mêmes manqueraient-ils de prétexte pour la rétablir et la faire fonctionner, s'ils étaient au sommet de l'échelle ? Robespierre n'avait-il pas demandé aussi cette abolition, avant d'être le maître ? Mais quand bien même on ne guillotinerait plus, Robespierre ne veut pas dire seulement *guillotine ;* il veut dire encore : *maximum, confiscation, emprunts forcés, papier-monnaie, impôts sans fin et sans mesure ; plus de crédit, plus de commerce, banqueroute ; plus de propriété, plus d'industrie privée,* l'Etat, ou quelques hommes comme Robespierre l'avocat, Marat le médecin, Chalier le négociant, Collot-d'Herbois le comédien, Couthon l'avocat, Carrier le procureur, Fouché le professeur de collége, maîtres de tout, maîtres de nos biens, de nous, de nos femmes, de nos enfants, pour en faire de la chair à mitraille ou à prostitution, de la chair à canon ou à noyade, selon les fantaisies des seigneurs de la *sociale*, comme cela s'est vu. Plus d'autre religion que celle de la déesse Raison ou d'une prostituée sur l'autel, ou bien encore des théophilanthropes, ou des *filous en troupe*, comme on disait dans le temps. Mais tout cela, Yves, je vous le demande, est-ce social, est-ce pour le bien de la société et de tous les membres qui la composent? est-ce de l'union? sont-ce des liens communs de religion, de sentiment, ou d'intérêt? sont-ce des lois divines et humaines? N'est-ce pas le renversement le plus universel? n'est-ce pas la rupture de tous les liens sociaux, la destruction de tous les fondements de la société elle-même. Votre *sociale* est donc tout l'opposé de ce que son nom signifie; c'est donc de la graine de niais, l'enseigne d'une bonne auberge mise à l'entrée d'un coupe-gorge.

YVES.

Mais tout cela, dit-on, ne tombe que sur les riches et pour les ramener à l'égalité.

MAÎTRE JEAN.

Guilleri, Mandrin et Cartouche en disaient autant, et c'est le mot d'ordre de tous les socialistes des bagnes. — Tout cela ne tombe que sur les riches! Mais les riches ne font-ils pas partie, et une partie notable, de la société? le but même de la société et de tous les gouvernements, tel qu'il était proclamé par toutes les constitutions de 89 et de 93 même, n'était-il pas de garantir à chaque citoyen l'inviolabilité de tous les droits, la jouissance de toutes les libertés : la liberté individuelle, la liberté du commerce, la liberté de la conscience et de la religion ; la sûreté du domicile, de la propriété ou du salaire à raison du travail. Dans les mêmes constitutions, ne proclamait-on pas comme un droit de l'homme et du citoyen de n'être imposé qu'en proportion de sa fortune, et selon les besoins réels de la société ou de tous? Est-ce donc un besoin réel de la société de prendre dans la poche des uns pour mettre dans celle des autres, et de donner raison à tous les forçats, à tous les banqueroutiers, à tous les pillards, à tous les ivrognes, à tous les libertins, à tous les impies, à tous les fainéants qui n'ont rien et qui veulent se faire de grosses rentes aux dépens des autres ; à quiconque, en un mot, prend fantaisie de crier à ses voisins : ÔTE-TOI DE CHEZ TOI, QUE JE M'Y METTE! Et puis, combien d'ouvriers diligents, de pauvres honnêtes, d'enfants même, ont péri sous les coups de fusil ou sur les échafauds de cette république sociale! combien dont les femmes et les filles ont été enlevées et déshonorées!

Vous dites ensuite que c'était pour ramener l'égalité. Mais est-ce que les soldats ont cessé d'être soldats depuis que quelques-uns d'entr'eux ont tué ou chassé leurs officiers pour prendre leurs épaulettes et se faire officiers eux-mêmes?

Les ouvriers ont-ils cessé d'être ouvriers, parce que quelques commis ou caissiers ont fait guillotiner leurs patrons pour s'emparer de la caisse et se mettre à leur place? Les châteaux et les grandes maisons ont-ils disparu, parce qu'on en a chassé les nobles et les bourgeois et qu'on les a vendus à leurs fermiers ou à leurs maçons? Les écoles et les colléges ont-ils été plus faciles à fréquenter depuis qu'on en a vendu les fondations faites pour fournir aux maîtres l'entretien et la subsistance et assurer à tout le monde l'enseignement gratuit à tous les degrés? Les pauvres ont-ils disparu, depuis qu'on a vendu à des gratte-papiers et à des arracheurs de dents, sans mâchoire à éclaircir, les biens des cures et des hospices? Les communes ont-elles été plus libres et plus riches, depuis qu'on a détruit toutes leurs franchises et tous leurs droits, et qu'on a vendu pour rien leurs domaines?

Tout au contraire : des officiers moins riches et plus portés aux économies sur le soldat ont remplacé ceux d'autrefois. On était libre d'être soldat, et maintenant on y est forcé. Les armées étaient de 50 mille hommes; maintenant elles sont de 500 mille, et quiconque a bon pied, bon œil et bonne dent, et n'a pas de 1500 à 2000 francs mignons est obligé d'y passer.

Les négociants nouveaux ont été plus durs pour les ouvriers que les anciens, leurs commis plus libertins et plus insolents pour les femmes et les jeunes filles des ateliers; les ouvriers ont travaillé davantage, et le jour et la nuit, et les fêtes et les dimanches, et ils ont moins gagné.

Les châteaux ont été repeuplés par de nouveaux nobles cent fois plus fiers et plus durs pour le pauvre monde que ceux auxquels ces châteaux ont été volés.

Une armée de recteurs, de professeurs, de maîtres d'école et d'inspecteurs ou sous-inspecteurs grassement payés par l'impôt, a remplacé les anciens maîtres et régents qui vivaient modestement sur les fondations, et ils rançonnent encore les écoliers par toutes sortes de droits et de tributs qui ferment aux enfants des pauvres, quelles que soient leurs dispositions, toutes les carrières honorables.

Les hôpitaux ne peuvent faire que la dixième partie du bien qu'ils faisaient autrefois, et le nombre des pauvres va toujours augmentant.

Et, ce qui est pis encore, une armée d'employés ou de fonctionnaires de toutes les espèces, de tous les noms, se sont abattus sur la société avec des ailes de papier timbré et vivent aux dépens de tout le monde en grattant et regrattant du papier pour les chefs de Paris qui les nomment, les envoient et les payent avec notre argent pour mettre des menottes aux communes et entraver toutes les affaires.

Qui est-ce qui a fait ce beau gâchis, enfanté ce merveilleux progrès? La *sociale* de M. de Robespierre et Compagnie, la *sociale*, que vous me faites l'effet de soutenir, beau frère,

YVES.

Oh! cette *sociale* n'est pas la mienne; c'est

celle de la bourgeoisie, la mienne est celle des ouvriers.

MAÎTRE JEAN.

Mon pauvre Yves, comme vous vous laissez mettre dedans, vous autres gens de la ville avec tout votre esprit et tout votre mépris pour nous autres habitants de la campagne! Votre *sociale* est celle des ouvriers, dites-vous? Mais la *sociale* que vous appelez maintenant la *sociale* des bourgeois, n'était-elle pas, quand on la fabriquait, appelée comme celle d'aujourd'hui la *sociale* des ouvriers, des carmagnoles, des sans-culottes même? Ceux qui poussent à la *sociale* d'aujourd'hui, qui en sont les chefs, ne sont-ce pas des bourgeois, des apprentis bourgeois comme ceux qui poussaient à la première? Ne compte-t-on pas parmi eux beaucoup d'avocats sans procès, de médecins sans malades, des banqueroutiers insolvables, des bâtards, des nobles ruinés, des libertins et des impies qui veulent, comme leurs devanciers, se faire des rentes aux dépens du public et vous faire tirer les marrons du feu, pour les croquer à votre barbe? Ne veulent-ils pas, comme les autres, de nombreuses armées pour les défendre et faire la guerre à toutes les nations, des écoles gratuites à condition qu'elles soient payées, et payées au poids de l'or, par des impôts pris sur tout le monde et particulièrement sur les octrois? Ne veulent-ils pas des armées de fonctionnaires et d'employés, de commissaires et de sous-commissaires, de receveurs et de percepteurs, d'inspecteurs et de sous-inspecteurs, de titulaires pour palper d'énormes traitements, et des suppléants ou chefs de bureau à la portion congrue pour faire la besogne, en attendant de prendre la place, quand ceux qui l'occupent seront suffisamment repus, puis pensionnés ou retraités, arrivés enfin au rang de seigneurs ou de gros rentiers! Ne sont-ce pas eux qui ont imposé les 45 et les 55 centimes, eux qui envoient les contraintes et les huissiers pour les faire payer, fallût-il vendre jusqu'au dernier meuble des contribuables; eux qui ont fait monter le budget à 1800 millions et fait perdre à la France, à son commerce et à son industrie dix milliards en moins d'un an; eux qui ont violé, pillé, incendié les domiciles, renversé les murs de clôture, envahi de force et sans indemnité préalable, contre toutes les constitutions, les propriétés des citoyens, des pauvres comme des riches, tout ravagé sous prétexte d'ateliers nationaux? Ne sont-ce pas eux qui voudraient qu'aucun travailleur ne fût à ses pièces, mais que les ouvriers diligents, économes, rangés, travaillassent au profit des fainéants, des blagueurs, des ivrognes et des mange-tout, et partageassent avec eux leur salaire? Ne voudraient-ils pas la communauté des femmes afin de prendre celles qui leur conviendraient et en changer à leur guise, ou abolir le mariage, afin qu'il n'y eût que des bâtards et que tout le monde leur ressemblât dans cette égalité? Ne voudraient-ils pas détruire la religion parce qu'elle les gêne, ou l'arranger au gré de leurs passions, retrancher surtout certains

commandements du décalogue qui les contra-
rient, comme ceux-ci :

> Tes père et mère honoreras,
> Afin que tu vives longuement,
>
> Homicide point ne seras,
> De fait ni volontairement,
>
> Luxurieux point ne seras,
> De corps ni de consentement.
>
> Bien d'autrui tu ne prendras,
> Ni retiendras à ton escient.

Ne veulent-ils pas tous, et sous le prétexte de république une et indivisible que les communes continuent à être esclaves des sous-préfectures et des préfectures ; les écoles et les colléges esclaves des académies ; les départements esclaves de Paris ; les préfectures, les académies et Paris esclaves à leur tour des ministres et de leurs bureaux ; le tout pour avoir de plus nombreux et de plus gros traitements à palper ou à partager avec leurs créatures et leurs amis. Savez-vous, beau-frère, je le lisais ces jours-ci dans un livre d'histoire, que le fameux conventionel, socialiste et républicain, puis monarchiste et impérialiste Fouché, celui dont on disait qu'*il ramassait de l'or dans des ruisseaux de sang*, et qui de régent de collége était, par la *sociale* du temps, devenu sénateur, comptait quand il se retira de sa boutique socialiste, 14 millions de fortune et une vingtaine de châteaux. Que d'hommes du peuple à Nantes, dans le Nivernais, à Lyon, à Paris, lui prétêrent leurs épaules, leurs voix et leurs bras, en bons socialistes, pour le faire monter là ! Et tant d'autres devenus par le même chemin séna- teurs, comtes et princes, depuis Fouché jusqu'à Lucien Bonaparte devenu prince de Canino, titre laissé à son fils, de nos jours ardent Montagnard à Rome pour conserver sa fortune ou la refaire ! Voilà ce qu'ont été et ce que seront toujours, quand ils sont assez habiles pour ne pas se lais- ser pendre, les chefs du socialisme.

YVES.

Vous vous animez, beau-frère, vous vous ani- mez trop.

MAÎTRE JEAN.

Comment voulez-vous que l'on reste de sang- froid, quand on voit ainsi gruger et mettre dedans le pauvre peuple, ses parents, ses amis, des innocents qu'on tond ou qu'on mène à la bou- cherie sur l'air de *ça ira*, et en leur promettant, comme le diable, au paradis terrestre, d'en faire des rois et des dieux.

YVES.

Vraiment, beau-frère, vous croyez que la *sociale* nous met dedans?

MAÎTRE JEAN.

Dedans, mon simple, dedans, au fond du sac,

j'en suis persuadé ; c'est un tour de passe-passe de maîtres lurons. Ils vous font mettre et la tête et le bras dans le sac pour que vous leur en apportiez les écus et que vous receviez en échange la besace. Et comment voulez-vous qu'il en soit autrement ? Comment voulez-vous que des gens qui ne croient à rien, qui disent qu'ils sont Dieu ou morceaux de Dieu, qui enseignent que la vertu consiste à bien boire et bien manger, à avoir beaucoup de femmes et peu d'enfants, pensent à autre chose qu'à s'enrichir par toutes les voies, à mener joyeuse vie et à pratiquer la vertu telle qu'ils la conçoivent. Le peuple pour eux, c'est eux-mêmes ; l'*égalité*, c'est d'avoir un château et de bonnes rentes qui ne leur coûtent rien ; la *fraternité*, c'est de vous faire tendre les épaules et vous envoyer tuer sur la frontière ; la *liberté*, c'est d'emprisonner ou guillotiner ceux qui les gênent et d'en prendre la place ; et quand ils sont bien repus, personne ne doit avoir faim. Quand je vous le dis, Yves, moi, votre beau-frère, moi de père en fils homme du peuple comme vous, moi au service du peuple depuis ma jeunesse, c'est que j'en suis sûr ; c'est que je l'ai lu dans tous les livres de philosophie et d'histoire ; c'est que je l'ai vu, de mes yeux vu, non pas une fois, mais tous les jours depuis soixante ans. Oui, oui, je le répète, beau-frère, et c'est la conclusion, la conséquence, comme on dit en philosophie, de toutes mes preuves : Votre *sociale* n'est que de la graine de niais, propre à ruiner la France, à nous ramener les Autrichiens et nous réduire tous à la misère au profit de quelques-uns.

YVES.

Pourtant, beau-frère, que d'abus, que d'injustices, que de misères pour le pauvre monde, et surtout pour nous autres ouvriers ! Voilà trente et tant d'années que nous travaillons votre sœur et moi ; et vous savez si elle est laborieuse, économe et rangée, dans ce qui regarde le ménage comme en tout le reste. Et cependant, si les infirmités venaient, nous ne pourrions nous suffire ; et en *trimant*, du matin au soir, chaque jour que le bon Dieu nous donne, excepté les dimanches et fêtes, c'est à peine si nous pouvons offrir aux parents et aux amis un lit et une place à notre table. Et, pendant ces trente ans, j'ai vu, chaque dix ans à peu près, un des marchands qui nous faisaient travailler se retirer avec cent mille francs de bénéfice. Tout est cher pour l'ouvrier, et au moindre chômage, adieu toutes les avances !

MAÎTRE JEAN.

Pour cela, je ne dis pas qu'il n'y ait rien à faire ; au contraire, je pense que si tout cela dure, c'est notre faute, notre faute à nous autres travailleurs, à vous surtout, ouvriers des grandes villes.

YVES.

Comment cela, maître Jean, et qu'est-ce que nous y pouvons nous autres ?

MAÎTRE JEAN.

Ce que vous y pouvez! vous y pouvez tout. Par le suffrage universel ne sommes-nous pas les maîtres, si nous savons nous entendre avec les braves gens, les hommes de conscience, et nommer de bons représentants? La majorité n'est-elle pas à nous, et n'est-ce pas la majorité qui fait la loi?

YVES.

C'est bien sûr; et c'est pour cela que je voulais la *sociale*. Mais maintenant vous venez de me prouver qu'il n'y faut pas songer, que ce n'est que de la graine de niais, propre à nous mettre à la besace, une échelle faite avec nos épaules pour faire attraper des châteaux et des seigneuries à des avocats et procureurs sans clients. Que faire donc?

MAÎTRE JEAN.

Etre bien convaincu de tout ce que je vous ai dit, et que j'ai prouvé, et que je maintiens vrai comme je m'appelle BONNERAISON; ne pas l'oublier, en vous rapprochant davantage du nom de votre femme et tenant moins au vôtre. Vous vous appelez *Qunson*, et vous n'écoutez que les hommes de clubs, les avocats de la *sociale*. Je vous l'ai dit pourtant maintes fois, mon pauvre Yves : qui n'écoute qu'une cloche n'entend *qu'un son*,

YVES.

Ah ! beau-frère ! c'est qu'on aime les sons qui plaisent ; et comment voulez-vous, quand on est pauvre et malheureux, sans qu'il y ait de sa faute, qu'on n'écoute pas ceux qui vous parlent de richesses et de bonheur ?

MAÎTRE JEAN.

J'en conviens ; mais jamais un seul son n'a suffi pour faire harmonie ; et il faut toujours se défier des sons aigres, des hommes sans conscience, qui vous éloignent de Dieu et de ses lois et sèment la zizanie entre les braves gens pour les perdre les uns par les autres. Il faut les fuir comme de mauvais citoyens et s'entendre, au contraire, avec les hommes de conscience, les vrais amis du peuple, et choisir parmi eux les plus capables pour en faire nos représentants.

YVES.

Choisir les plus amis du peuple, les plus capables, maître Jean ! c'est bien vite dit, mais ce n'est point aussi facile à faire. Repousser tous les socialistes, je ne dis plus non. Je conviens qu'ils mettent leurs intérêts avant tout et que la conscience ne les gêne pas ; je me suis même aperçu plusieurs fois qu'ils ne considéraient qu'eux-mêmes comme vrais chiffres, et que nous autres simples ouvriers, ouvriers honnêtes, ou ouvriers âgés, nous n'étions comptés que comme des zéros qui n'avaient de valeur qu'à leur suite. Mais où en trouver qui ne fassent pas comme eux, ou qui même ne soient pires? Nous avons bien eu depuis 1830 des représentants nommés par la bourgeoisie anti-socialiste, quelques-uns même recommandés, dit-on, par les gens d'église; et qu'ont-ils fait pour le peuple? Qu'ont-ils fait pour diminuer les impôts et les places, affranchir les communes et les aliments de première nécessité ou les objets de propre consommation? Qu'ont-ils fait pour détruire la tyrannie de Paris, pour affranchir la religion et donner la liberté et la gratuité de l'enseignement? Qu'ont-ils fait pour changer cet abominable impôt de la conscription, qui nous frappe dans les bras de nos enfants, dans les appuis de notre vieillesse, et nous les enlève pour garder et défendre les riches et leurs propriétés? Hélas! qu'ont-ils fait de mon pauvre Jean-Claude, votre filleul, beau-frère? ils me l'ont fait si bien *escoffier* par les Bédouins, que jamais plus je n'en ai entendu parler; sa pauvre mère le pleure encore tous les jours! Est-ce juste que les riches rachètent leurs enfants avec l'argent gagné sur nos sueurs, et que les nôtres soient obligés de faire le service et viennent se faire casser bras et jambes pendant huit ans, parce que nous n'avons pas 12 ou 18 cents fr. pour les faire remplacer? Est-ce que nous avons, nous autres, des ennemis à craindre? des hôtels, des palais, des magasins, des usines ou des terres à garder? Si l'on veut des soldats, qu'on les paie. On paie bien les chevaux de la cavalerie; on ne

les fait pas tirer au sort, eux ; c'est sans doute
que leurs maîtres sont riches. On fait moins de
cas de nos enfants ; on les prend pour rien.

MAÎTRE JEAN.

Sur tout cela, beau-frère, nous sommes d'accord ; mais tout cela, ce sont les rouges qui l'ont
fondé, les rouges qui en ont donné le pli, et
lorsque de rouges ils sont devenus bleu-foncés,
ils n'ont fait que subtiliser sur la chose, pour la
raffiner, l'étendre et l'affermir. Quant aux gens
de conscience qui se sont mêlés là-dedans par
des recommandations, ce n'est pas par haine
pour le peuple, ni pour s'enrichir, qu'ils l'ont
fait, c'est au contraire dans l'espérance de quelques tableaux, de quelques réparations pour les
églises, et dont tout le monde devait profiter. Ce
n'est pas que j'approuve la chose, puisque les
représentants qui obtenaient ces dons ne les
payaient pas de leur poche, mais ne les souti-
raient des budgets généraux qu'en échange de
leurs voix pour quelque autre chose moins claire,
et que je trouve qu'il y a un double mal et à
voter ainsi et à faire payer à toute la France ce
qui ne doit profiter qu'à une paroisse. Mais,
après avoir excusé l'intention, je dis, et la chose
est évidente au grand jour, que l'immense majorité des curés et des hommes de conscience
n'ont pris aucune part à ces espèces de marchés
et à toutes les injustices dont nous nous plai-
gnons ; qu'ils les ont déplorées, au contraire, et
que ce n'est que par eux, en nous unissant à

eux pour choisir des représentants de conscience,
que nous viendrons à bout de faire cesser les abus
et d'améliorer la condition du peuple.

YVES.

Vous croyez ça sincèrement, beau-frère ?

MAÎTRE JEAN.

Sincèrement, et la raison en est lucide et con-
vaincante : c'est que de tels hommes croient avec
la Religion que les peuples ne sont pas faits pour
les Gouvernements et les Assemblées nationales,
mais les Assemblées nationales et les Gouvernements pour les peuples ; et que, tout ensemble, ce
sont des hommes de bonne foi et de conscience,
qui préféreraient mourir que d'aller contre leur
conviction, tout perdre plutôt que de voter des
impôts injustes, plutôt que de prendre quoi que ce
soit, et sous quelque prétexte que ce soit, sur les
sueurs et les nécessités des pauvres ; donner du
leur plutôt que de prendre à autrui, comme ils
le prouvent tous les jours par les secours abon-
dants qu'ils donnent aux malheureux, et par les
établissements charitables et pleins d'une véri-
table fraternité, qu'ils fondent ou qu'ils entre-
tiennent en faveur des pauvres ouvriers.

YVES.

Vous avez peut être bien raison, MAÎTRE JEAN ;
c'est aux fruits que l'on reconnaît l'arbre, et

c'est toujours vers des hommes comme ceux dont vous parlez que l'ouvrier trouve bon conseil, secours et protection.

MAÎTRE JEAN.

Et voilà pourquoi les rouges teints de frais, comme ceux qui sont passés au bleu foncé, en disent tant de mal au peuple, et leur disent à eux-mêmes tant de mal du peuple. Je sais ça, beau-frère, et de source sûre. Et voilà pourquoi dans leurs livres, leurs chansons, leurs journaux, leurs comédies, ils ont recours à tous les moyens pour les rendre odieux au peuple, et leur faire peur à eux-mêmes des gens du peuple. Ils nous disent à nous que les curés, que les gens de conscience et de religion veulent tout accaparer, tenir le peuple dans l'ignorance pour l'opprimer plus facilement, sucer son sang, soutirer son argent et tout dominer. Et, d'un autre côté, pour attirer à eux les gens de conscience et de religion, ils font les dévoués et leur disent que le peuple est de la canaille, qu'il ne mérite pas qu'on fasse tant de sacrifices pour lui, que ce sont des fainéants, des ivrognes, des ingrats, des hypocrites, des gens de sac et de corde qui ne songent qu'à fermer et piller les églises, et tremper leurs mains, comme autrefois dans le sang des prêtres et de tous les honnêtes gens ; que si ce n'étaient eux qui le contiennent et le mettent à la raison c'en serait fait depuis longtemps de la religion et de la société.

C'est ainsi qu'ils divisent ce qui ne devrait jamais être séparé, mais rester toujours uni, le peuple et le clergé ; d'autant mieux que le clergé actuel est tout entier, et dans sa presque totalité, sorti du peuple, qu'il est peuple et aime le peuple ; sans compter que c'est pour le peuple, pour les pauvres surtout, que Jésus-Christ est venu sur la terre, pour le peuple et pour les pauvres qu'il a institué le sacerdoce ; au peuple, aux pauvres, qu'il a envoyé les prêtres pour les évangéliser. En rendant donc les prêtres et les hommes de conscience odieux au peuple, et le peuple un objet de terreur pour le clergé et les honnêtes gens, le diable et ses suppôts paralysent toute l'œuvre de Dieu. Les prêtres se confinent dans leur sacristie et attendent qu'on vienne à eux ; le peuple, les ouvriers, dociles aux leçons des clubs et du socialisme dans les sociétés secrètes, s'éloignent à leur tour du prêtre et de l'homme de conscience, comme de ses plus dangereux ennemis ; et, ainsi divisés, ils perdent toute force et deviennent les esclaves et la proie des hommes sans conscience et sans foi au grand détriment de la societé et du bonheur des familles, des classes ouvrières surtout.

YVES.

Je vous remercie, beau-frère ; je vois maintenant clair dans bien des choses et j'entends une voix là, au fond de l'âme, qui me crie que vous avez raison.

MAÎTRE JEAN.

Ce que nous avons donc à faire dans les villes comme dans les campagnes, c'est de nous entendre, de nous assurer que nos noms sont écrits sur les listes électorales; de les y faire mettre le plus tôt possible, s'ils n'y étaient pas; de nous concerter avec de braves gens au courant des lois, de ce qu'il y à faire pour cela; de choisir pour représentants des hommes de conscience, amis du peuple et qui aient fait leurs preuves; de prendre dans ce but, afin de ne point se diviser, les conseils des hommes de bien, éclairés sur les hommes et les choses, d'en députer même quelqu'un au chef-lieu d'arrondissement, si la chose est nécessaire, pour obtenir l'engagement qu'on votera selon nos justes demandes; et puis tous ensemble porter les noms convenus dans les urnes des bureaux dont on ressort. Arrière les ambitieux, les escamoteurs et les fourbes! Il est facile de les connaître à leurs œuvres et par ceux qu'ils fréquentent, ou avec qui ils votent : qu'aucun de leurs noms ne soit écrit sur la liste des ouvriers et des travailleurs, soit des villes, soit des campagnes.

C'est le seul, l'unique moyen de réformer les abus, d'améliorer notre sort et de faire que la fraternité, l'égalité, la liberté soient une vérité.

YVES.

Je voudrais, beau-frère, que vous me couchassiez tout ça par écrit, quand vous aurez un moment, avec votre belle main et quelques jolies paraphes, pour le faire lire à tous les ouvriers de ma connaissance, à ceux mêmes des clubs, dont beaucoup sont comme moi de braves gens dupés et ensorcelés par les blagueurs.

MAÎTRE JEAN.

Volontiers, beau-frère; je ferai même mieux : ce soir, avant de me coucher, j'écrirai toute notre conversation, et je verrai avec l'imprimeur-libraire qui me fournit mes livres de prix et de classe, s'il n'y aurait pas moyen de l'imprimer. J'ai dans l'idée d'y ajouter même une petite fable qui tout-à-l'heure m'a passé par la cervelle, et que j'ai lue dans la voiture en venant ici. Je vais vous la conter avec le livre.

L'Aigle, la Laie et la Chatte.

L'aigle avait ses petits au haut d'un arbre creux,
    La laie au pied, la chatte entre les deux ;
Et sans s'incommoder, moyennant ce partage,
Mères et nourrissons faisaient leur tripotage.
La chatte détruisit par sa fourbe l'accord ;
Elle grimpa chez l'aigle et lui dit : Notre mort
(Au moins de nos enfants, car c'est tout un aux mères)
    Ne tardera possible guères.
Voyez-vous à nos pieds fouir incessamment
Cette maudite laie, et creuser une mine ?

C'est pour déraciner le chêne assurément,
Et de nos nourrissons attirer la ruine :
    L'arbre tombant, ils seront dévorés ;
    Qu'ils s'en tiennent pour assurés :
S'il m'en restait un seul, j'adoucirais ma plainte.
Au partir de ce lieu, qu'elle remplit de crainte,
        La perfide descend tout droit
                A l'endroit
        Où la laie était en gésine.
        Ma bonne amie et ma voisine,
Lui dit-elle tout bas, je vous donne un avis :
L'aigle, si vous sortez, fondra sur vos petits.
        Obligez-moi de n'en rien dire :
        Son courroux tomberait sur moi.
Dans cette autre famille ayant semé l'effroi,
        La chatte en son trou se retire.
L'aigle n'ose sortir, ni pourvoir aux besoins
    De ses petits ; la laie encore moins :
Sottes de ne pas voir que le plus grand des soins,
Ce doit être celui d'éviter la famine.
A demeurer chez soi l'une et l'autre s'obstine,
Pour secourir les siens dedans l'occasion :
        L'oiseau royal en cas de mine ;
        La laie, en cas d'irruption.
La faim détruisit tout ; il ne resta personne,
De la gent marcassine et de la gent aiglonne,
        Qui n'allât de vie à trépas :
        Grand renfort pour messieurs les chats.
Que ne sait point ourdir une langue traîtresse

Par sa pernicieuse adresse !
Des malheurs qui sont sortis
De la boîte de Pandore,
Celui qu'à meilleur droit tout l'univers abhorre,
C'est la fourbe, à mon avis.

YVES.

Vous devriez, maître Jean, rester à la ville,
vous nous convertiriez tous.

MAÎTRE JEAN.

Je suis trop vieux maintenant, et là où est la
chèvre il faut qu'elle broute. Mais il est temps que
je m'en aille recommander mon affaire à M. de
Qunsyeux, ancien magistrat et membre du conseil général du département. C'est à peu près
l'heure à laquelle je le trouverai. Yves, à ce
soir...

FIN DU DIALOGUE.

AUX HOMMES DE BIEN

DE TOUTES LES CONDITIONS.

Dans le triste état où les fausses doctrines et les exemples des gouvernements ont depuis plus d'un siécle, jeté les sociétés, à la vue des efforts incessants de la presse de toutes les nuances, pour entrainer les peuples ou dans les abîmes de la servitude, au nom de l'ordre, ou dans ceux de l'anarchie, au nom de la liberté, des amis sincères de l'ordre et de la liberté, tels que la religion catholique les a toujours compris ont conçu le projet d'une œuvre dont le but est de les défendre l'un et l'autre par toutes les voies légitimes et surtout par la presse et la presse populaire.

En voici le prospectus :

OEUVRE

POUR LA DÉFENSE ET LA CONQUÊTE DE L'ORDRE

C'EST-A-DIRE

DE TOUTES LES LIBERTÉS

PUBLIQUES ET PRIVÉES.

Départements du Rhône et de la Loire.

I.

Le suffrage universel et la responsabilité qui en résulte, les livres corrupteurs et impies, les journaux incendiaires et le *communisme* propagé par eux de toutes parts et menaçant de tout emporter: crédit, commerce, propriété, famille, religion, et les libertés publiques et les libertés privées, tout démontre à l'homme qui réfléchit que de grandes obligations sont imposées à tous et que tous doivent les accomplir, s'ils ne veulent voir la société périr sous l'étreinte d'un despotisme inouï, ou dans les convulsions de la plus sanglante anarchie.

II.

Méditer ces obligations, étudier ce que l'on peut, ce que l'on doit, ou ses devoirs envers Dieu, ses droits et ses devoirs envers la société, envers les gouvernements, envers ses concitoyens, envers soi-même; les faire connaître aux autres et surtout aux ignorants, aux faibles, aux ouvriers, aux cultivateurs, aux pauvres des villes et des campagnes; s'aider enfin mutuellement et sans distinction de partis et de conditions dans l'exercice de ces droits et la pratique de ces devoirs par un retour sincère aux principes éternels de la justice et de la fraternité chrétienne, TEL EST LE BUT DE L'OEUVRE.

III.

Pour atteindre ce but l'œuvre emploie les moyens suivants :

1° La publication d'un JOURNAL HEBDOMADAIRE à la portée de tous les citoyens, et par son format et par sa rédaction et par le prix de l'abonnement.

2° D'une REVUE pour la défense de tous les droits, le rétablissement de l'ordre par les idées, et l'exercice ou la conquête de toutes les libertés religieuses et civiles.

3° L'érection et le soutien, autant que les ressources de l'œuvre le permettront, D'ÉCOLES LIBRES et GRATUITES, communales ou privées.

4° Les pétitions à l'assemblée nationale.

5° Le choix, dans les élections à tous les degrès, de CANDIDATS DÉSINTÉRESSÉS et assez notoirement DÉVOUÉS au triomphe de TOUTES LES LIBERTÉS, pour qu'on puisse leur en confier le mandat en toute sûreté.

6° La poursuite soit devant l'assemblée nationale, soit devant les hautes administrations, soit devant les tribunaux, des ATTEINTES PORTÉES AUX DROITS OU AUX LIBERTÉS CIVILES ET RELIGIEUSES, par des émeutes, des fonctionnaires publics, ou des hommes puissants.

IV.

Pour mettre efficacement ces moyens en pratique l'œu-

vre se compose D'ACTIONNAIRES FONDATEURS, D'ACTION-
NAIRES PROPAGATEURS, de SOUSCRIPTEURS et de SIMPLES
ABONNÉS.

V.

LES ACTIONS FONDATRICES sont de 50 fr. la 1re année,
et de 30, les années suivantes; elles donnent droit à 5
exemplaires du journal et de la revue.

LES ACTIONS DE PROPAGANDE sont toute somme de 20
fr. et audessus; elles donnent droit à 2 exemplaires du
journal et de la revue.

La SOUSCRIPTION est un abonnement pour un an au
journal et à la revue.

Le SIMPLE ABONNEMENT est un abonnement pour un
an, au journal *ou* à la revue.

VI.

L'œuvre est administrée par un BUREAU-DIRECTEUR
qui se compose d'un président, d'un vice-président,
d'un trésorier, du directeur des diverses publications, de
deux conseillers correspondants avec les départements du
Rhône et de la Loire, et d'un secrétaire, tous choisis parmi les premiers actionnaires fondateurs.

VII.

Chaque année et plus souvent, si les circonstances l'e-
xigent, le Bureau-Directeur rend compte de l'œuvre aux
actionnaires fondateurs. C'est dans cette réunion à laquelle les actionnaires-propagateurs sont priés d'envoyer
leurs observations et leurs avis, ainsi que les aumônes
recueillies par eux, que s'arrêtent à la majorité des voix
les sommes à appliquer à la fondation des écoles et aux autres moyens de l'œuvre, et qu'on délibère sur tout ce qui
concerne sa propagation et son perfectionnement.

Le journal aura pour titre : *le Jour du Repos, ou la feuille
du Dimanche*, journal de tout et de tous. Il paraitra tous
les samedis.

La revue aura pour titre : *le Jour du Repos, ou les feuilles mensuelles;* revue des principes et des intérêts sociaux. Elle paraitra une fois par mois, en 3 feuilles 1/2

d'impression grand in-8°, formant à la fin de l'anneé deux volumes de plus de 300 pages, et traitera de toutes les questions sociales soulevées de nos jours.

Prix d'Abonnement.

Aux deux publications réunies.

LYON.		HORS DE LYON.
L'année. .	8 fr.	10 fr.
Six mois .	5	6
Trois mois.	3	4

Séparément.

Au Journal.

LYON.		HORS DE LYON.
L'année. .	3 fr.	5 fr.
Six mois .	2	3
Trois mois.	1	2

A la Revue.

LYON.		HORS DE LYON.
L'année. .	6 fr.	7 fr.
Six mois .	3	4

L'œuvre commencera le cours régulier de ses publications, lorsqu'elle comptera 100 actionnaires fondateurs et 1200 abonnés aux diverses publications.

Les personnes zélées qui réuniront 12 abonnements, en recevront un 13e gratis, et pourront en fournir le prix par un seul mandat et une seule lettre affranchie contenant leur adresse et celle de chaque abonné.

Le même mode peut être employé par les personnes qui désirent concourir à la bonne œuvre comme actionnaires.

On ne recevra que des promesses d'abonnements avec une adresse exacte jusqu'à ce que le nombre exigé plus haut soit rempli.

Ces promesses seront reçues chez MM. les Curés du diocèse, qui voudront bien les transmettre à M. DE SERRE, Chanoine, Grand-Vicaire, conseiller correspondant.